# MÉMOIRE

EN REQUÊTE DE

# CHAMPLAIN

TIRÉ A 166 EXEMPLAIRES

PARAPHÉS PAR M. MARCEL ET M. TROSS

150 Papier de Hollande.

15 Papier vélin ancien.

1 Exemplaire sur VÉLIN.

# MÉMOIRE

EN REQUÊTE DE

# CHAMPLAIN

POUR LA CONTINUATION

DU

PAIEMENT DE SA PENSION



PUBLIÉ PAR

GABRIEL MARCEL

BIBLIOTHÉCAIRE A LA BIBLIOTHÈQUE NATIONALE
(Section géographique)

PARIS

LIBRAIRIE TROSS

Rue des Pyramides, 19

M DCCC LXXXVI

# PRÉFACE

*La première pièce d'un recueil qui se trouve au Département des manuscrits de la Bibliothèque nationale* (*Fr.* 1097), *recueil formé par le Père Léonard de Sainte-Catherine de Sienne, augustin déchaussé, est un imprimé sans titre et sans couverture que semblent avoir ignoré tous ceux qui se sont occupés de Champlain et de ses voyages. M. H. Harrisse, dans sa Bibliographie de la Nouvelle-France, ne le cite nulle part; M. le Révérend Ed. Slafter, qui a publié en* 1880, *à Boston, pour « the Prince Society », une traduction de Champlain précédée d'une importante notice biographique, n'en dit pas un mot, non plus que l'abbé La Vayssière; enfin M. Marmette, archiviste à Ottawa, qui fut chargé, en* 1883, *d'une mission en France à l'effet de recueillir des documents relatifs à l'histoire des premiers établissements des Européens dans l'Amérique du Nord, paraît n'avoir pas fait attention à cette pièce, le seul imprimé de ce volume, qu'il a pourtant dépouillé.*

*L'exemplaire que possède le Département des manuscrits de la Bibliothèque est vraisemblablement unique, et cela n'a rien de surprenant, si l'on songe que cette plaquette a dû être tirée à très petit nombre ; c'est ce qui nous a déterminé à la réimprimer, d'autant plus qu'elle renferme quantité d'informations intéressantes.*

*Ce placet ne porte ni lieu d'impression ni date. Il semblerait, si on le compare aux éditions de Champlain imprimées par Claude Collet, dont la boutique était au Palais, dans la galerie des Prisonniers, qu'il est sorti des mêmes presses. Nous savons, en outre, par cette phrase de Champlain (page* 19), « *l'épreuve en a été faite en* cette *ville de Paris* », *que ce mémoire a été rédigé à Paris. Or, les séjours si nombreux de Champlain au Canada, ses relations de famille qui l'appelaient dans l'Aunis, le souci de ses armements qui le retenaient à Honfleur, toutes ces circonstances ne semblent pas lui avoir permis de faire à Paris des voyages très fréquents et des séjours bien longs. Le contexte du placet que nous reproduisons nous permet d'en fixer la publication à l'année* 1630. *A cette date, Champlain venait d'arriver à Paris, de retour d'Angle-*

*terre où il avait été emmené prisonnier à la suite de la capitulation de Québec qu'il avait dû rendre l'année précédente à David Kertk, à un moment où la paix était conclue entre les deux couronnes.*

*C'est sans doute à ce fâcheux événement de guerre qu'il faut attribuer la cessation du paiement de la pension que le roi faisait à Champlain depuis son premier voyage au Canada qui eut lieu, comme on sait, en 1603.*

*Or, il y avait vingt-sept ans que Champlain « s'était adonné aux découvertes de la Nouvelle-France » (page 1), lorsqu'il adressait au roi le placet que nous reproduisons.*

*Si plusieurs autres phrases que nous allons citer ne nous permettent pas de fixer aussi péremptoirement la date de 1630, elles ont trait à des événements très rapprochés de cette date, la dernière même semble la confirmer pleinement.*

*Nous voyons (page 5), que notre pièce est postérieure à l'arrivée au Canada de « religieux qu'on y a menez et qui commencent à s'y establir ». On sait que la première mission sérieuse, composée des PP. Charles Lallemant, Jean de Brébeuf et Euemond Massé, partit pour Québec en 1625, après l'accord intervenu entre les Récollets et les Jésuites.*

*Un peu plus loin (p. 10), Champlain parle de*

*l'établissement de la Compagnie de la Nouvelle-France; les lettres patentes de création de cette compagnie, généralement appelée des Cent Associés, sont datées de 1627.*

*Enfin, à la page 24, Champlain rappelle que les Anglais se sont établis depuis deux ans au golfe Saint-Laurent, et nous savons qu'en 1628 Roquemont, qui conduisait la première escadre de la nouvelle compagnie, attaqua Kertk près de Gaspé et que le capitaine Charles Daniel, de Dieppe, détruisit l'année suivante le fort que Jacques Stuart avait construit sur l'île du Cap Breton.*

*Toutes ces circonstances convergent vers la date que nous avons indiquée plus haut pour la publication de ce mémoire qui donne un exposé succinct mais complet des ressources qu'offre la Nouvelle-France à la colonisation.*

*Entre autres informations intéressantes qu'on y trouve, nous relèverons la suivante qui nous paraît fort inattendue (p. 23) : « Les peuples du pays ont asseuré le S^r de Champlain, voyageant avec eux, qu'il y a un grand lac, comme d'une mer, lequel se décharge du costé des mers du Sud, comme il se vient rendre du costé du Nord dans le grand fleuue Saint-Laurens. »*

*On sait que le voyage de Jean Nicolet à la Baie Verte date de 1635, et l'on croyait jusqu'ici que ce voyageur avait été le premier à recueillir des informations sur un grand fleuve qui se dirigerait vers le Sud, informations que les missionnaires devaient compléter et Jolliet ainsi que La Salle utiliser plus tard. Il est assez intéressant de voir, dès l'origine de la colonie, Champlain en possession de renseignements aussi précieux et qui devaient avoir une si considérable influence sur le développement du Canada. Il ajoute (p. 13) que si le chemin tant désiré pour aller à la Chine se pouvait rencontrer, ce serait un raccourcissement de chemin de plus de trois mille lieues, économie que va procurer le percement de l'isthme de Panama, par lequel il se fera, pour employer les expressions mêmes de Champlain, un grand et admirable négoce. Si la recherche, toujours si vaine, d'un détroit a été dès la première heure le mobile de tant d'expéditions, nous ne croyons pas que les résultats qu'on obtiendrait de sa découverte aient jamais été plus exactement calculés et plus judicieusement appréciés. Nous n'insisterons pas plus longtemps sur l'intérêt de ce mémoire qui résume en quelques pages la plupart des détails que Champlain avait réunis sur la Nouvelle-France, au cours de ses multiples voyages.*

GABRIEL MARCEL.

# AV ROY

SIRE,

LE sieur de Champlain remontre tres- |
humblement à Vostre Majesté, que les
tra | uaux par luy soufferts, aux descou-
uertes de | plusieurs Terres, Lacs & Ri-
uières du Pays | de vostre Nouuelle France, depuis
vingt-sept | ans : au lieu de le destourner d'y seruir
Vostre | Majesté, dans les dificultez qui s'y sont
rẽcon | trées ; il a trouué que les perils & hazards
qu'il | y a passez, luy ont redoublé le courage de s'y |
employer au gré de Vostre Majesté, par deux | puis-
santes considérations : la première que | sous le
2 regne de Vostre Majesté, la France re- || çoiue l'hon-
neur d'estre augmentée & enri- | chie d'vn païs dont
l'estendue excede plus de | seize cens lieuës de lon-
gitude, & de latitude | prés de cinq cens : la seconde
que la bonté des | Terres, & l'vtilité qui s'en peut

tirer, tant | pour le commerce au dehors que pour la | douceur de la vie au dedãs, est telle que l'on ne | peut estimer l'aduantage que vos sujets y au- | ront quelque iour, si iamais les habitans de ces | lieux, sujets de Vostre Majesté, y sont prote- | gez de sa bienveillance, & maintenus par son | authorité. |

Les nouuelles descouuertes ont attiré | le dessein de
faire des Colonies, lesquelles, en | petite considération
d'abord, ont par succes- | sion de temps, par le moyen
du commerce, | égalé des grandeurs Royales : on
peut mettre | en ce rang plusieurs villes que les
Espagnols | ont édifiées au Perou, & autres parties
du | monde depuis six vingts ans en ça, qui n'e- |
stoient rien en leur principe : l'Europe peut | rendre
tesmoignage de celle de Venise, qui | estoit à son
commencement vne retraite de | pauures pescheurs,
Gennes l'vne des plus su | perbes villes du monde,
3 édifiée dedans vn || terroir enuironné de montagnes,
fort deserte | & si infertile, que les habitans font ap-
porter | les terres de dehors pour faire les iardinages |
d'alentour, leur mer sans aucuns poissons ; & | vostre
ville de Marseille, SIRE, qui autre- | fois n'estoit
qu'vn Marescage, enuironné de | colines & mon-
tagnes assez fascheuses, par | succession de temps a
rendu son terroir fer- | tile, & deuenue fameuse &
grandement mar- | chande : ainsi plusieurs petites
Colonies ayans | des ports & haures, se sont augmen-
tées en | richesses & en réputation. |

Il se peut dire aussi, que le pays de vostre | Nouuelle France, est vn nouueau monde, & | non vn Royaume, beau en toute perfection, | qui a des situations très commodes, tant sur | les riuages du grand fleuue Saint Laurens, | l'ornement du pays,

qu'és autres riuières, | lacs, estangs & ruisseaux, vne
infinité de bel- | les Isles accompagnées de prairies &
bocages | fort plaisans & agréables, où durant le
Prin- | temps & l'Esté, se voit vn grand nombre
d'oi- | seaux, qui y viennent en leurs temps & sai-
son, | les terroirs très-fertiles pour toutes sortes de |
4 grains, les pasturages en abondance, la com- || muni-
cation des grandes riuieres & lacs, qui | sont comme
des mers trauersant les contrées, | & qui rendent
vne grande facilité à toutes les | descouuertes, dans
le profond des terres, d'où | on pourroit aller aux
mers de l'Occident, de | l'Orient, du Septentrion, &
s'estendre au | Midy. Le pays remply de grãdes &
tres-hau- | tes forests, de toutes les mesmes sortes de
bois | que nous auons en France. L'air salubre & |
les eaux excellentes sur les mesmes paralleles | de
vostre France. Et de plus, si le chemin | tant désiré
pour aller à la Chine se pouuoit | rencontrer, soit
par les riuières & lacs, | dont aucuns se trouuent de
trois cens | lieuës de long, & si le rapport des peu-
ples du | pays est véritable, aucuns de ces lacs se
des- | chargent dedãs les mers du Sud & du Nort :
il | se feroit par ce moyen vn grand & admira- | ble
negoce, auec vn racourcissement de che | min de
plus de trois mil lieuës : c'est pour- | quoy les Por-
tuguais, Espagnols, Anglois & | Flamens, ont tenté
la fortune par les mers | glaciales, tant de la Nou-
uelle Zemble, que du | costé du destroit Dauis, toutes
les entreprises | auec de grandes despences ont esté
5 vaines & || sans fruit, pour les glaces les auoir em-
peschez | au milieu de leur course; tous lesquels
dangers | ne se peuuent apprehender par vostre
Nouuel- | le France, dont la température est fort

douce | en comparaison des autres. Et quand l'execu- |
tion de ce passage se trouueroit difficile, l'vti- |
lité qui se trouuera dans le pays, selon que | ledit
sieur Champlain espere le représenter à | Vostre Ma-
jesté, est assez suffisante pour mettre | l'affaire en con-
sideration, puisque ce pays peut | produire au ser-
uice de Vostre Majesté, les mes- | mes aduantages
que nous auons en France, | ainsi qu'il paroistra par
le discours suiuant. |

Dans le pays de vostre Nouuelle France y a |
nombre infiny de peuples sauuages, les vns | sont
sedentaires amateurs du labourage, qui | ont villes
& villages fermez de palissades, les | autres errans
qui viuent de la chasse & pesche | de poisson, &
n'ont tous aucune cognoissan- | ce de Dieu. Mais il
y a espérance que les Reli- | gieux qu'on y a menez,
& qui commencent à | s'y establir, y faisant des
Seminaires, pourront | en peu d'années y faire du
progrez pour | la conuersion de ces peuples. C'est le
principal | soin de Vostre Majesté, SIRE, laquelle
6 leuant || les yeux au Ciel, plustost que les porter à
ter- | re, maintiẽdra s'il luy plaist ses entrepreneurs |
qui s'obligent d'y passer des Ecclesiastiques, | pour
trauailler à ce saint dessein, & qui se pro- | posent
d'y establir Colonie, comme estant le | seul & vnique
moyen d'y faire recognoistre | le nom du vray Dieu
& d'y establir la Reli- | gion Chrestienne, obligeant
les François qui | passeront de trauailler à la cul-
ture de la terre, | auant toutes choses, afin qu'ils
ayent sur les | lieux le fondement de la nourriture,
sans estre | obligez de le faire apporter de France, &
cela | estant, le païs fournira auec abondance, tout
ce | que la vie peut souhaiter, soit pour la necessi- |

té, soit pour le plaisir, ainsi qu'il sera dit cy | apres. |

Si on desire la vollerie, il se trouuera dans | ces
lieux de toutes sortes d'oiseaux de proye : | & au-
tant qu'on en peut desirer, les Fau- | cons, Ger-
fauts, Sacres, Tiercelets, Esper- | uiers, Autours,
Esmerillons, Mouschets, de | deux sortes d'Aigles,
Hibous petits & grãds, | Ducs grands outre l'ordi-
naire, Pies gries- | ches, Piuerts & vne autre sorte
d'oiseaux de | proye, bien que rares au respect des
7 autres, || d'vn plumage gris sur le dos & blanc sous
le | ventre estans de la grosseur & grandeur d'vne |
poule, ayant vn pied comme la serre d'vn oi- | seau
de proye, duquel pied il prend le poisson : | l'autre
est comme celuy d'vn Canard, qui luy | sert à nager
dans l'eau lors qu'il s'y plonge | pour prendre le
poisson, oiseau qu'on croit ne | s'estre veu ailleurs
qu'en la Nouuelle France. |

Pour la chasse du Chien couchant, les Per- | drix s'y trouuent de trois sortes : les vnes sont | vrayes Gelinottes, autres noires, autres blan- | ches qui viennent en hyuer, & qui ont la chair | comme les Ramiers, & d'vn très-excellent | goust. |

Quant à l'autre chasse du gibier, il y | abonde
grande quantité d'oiseaux de riuie- | res, de toutes
sortes de Canards, Sarcelles, | Oyes blanches &
grises, Outardes, petites | Oyes, Becasses, Becassines,
Allouëttes grosses | & petites, Pluuiers, Herons,
Grues, Cygnes, | Plongeons de deux ou trois fa-
çons, Poules | d'eau, Huarts, Courlieux, Griues,
Mauues | blanches & grises, & sur les costes & ri-
uages | de la mer, les Cormorans, Marmettes, Per- |
8 roquets de mer, Pies de mer, Apois, & autres || en
nombre infiny qui y viennent selon leur | saison. |

Dans le bois & en la contrée où habitent | les Hiroquois, peuple de la Nouuelle France, | il se trouue nombre de Cocs d'Inde sauuages, | & à Quebeq quantité de Tourtres tout le lõg | de l'Esté, Merles fauues, Allouëttes de terre, | autres sortes d'oiseaux de diuers plumages, | qui font en leur saison de tres doux ramages. |

Apres ceste sorte de chasse, en succede vne | autre non moins plaisante, mais plus penible, | y ayant audit païs des Renards, Loups com- | muns, & Loups Ceruiers, Chats sauuages, | Porcs Espics, Castors, Rats musquez, Lou- | tres, Martres, Foüines, espèces de Blereaux, | Lapins, Ours, Eslans, Cerfs, Dains, Caribous | de la grãdeur des Asnes sauuages, Cheureux, | Escurieux vollants & autres, des Hermines | & autres especes d'animaux que nous n'a- | uons pas en France : on les peut chasser soit à | l'affus ou au piege, par huées dans les Isles, où | ils vont le plus souuent, & cõme ils se iettent | en l'eau entendant le bruit, on les peut tuer | aisément; ou ainsi que l'industrie de ceux qui | voudront y prendre le plaisir leur enseignera.

9 || Si on aime la pesche du poisson, soit auec | les lignes, fillets, parcs, nasses & autres inuen- | tions, les riuieres, ruisseaux, lacs & estangs, | sont en tel nombre que l'on peut desirer, y | ayans abondance de Saumons, Truittes tres | belles, bonnes & grandes de toutes sortes, | Esturgeons de trois grandeurs, Aloses, Bars | fort bons, tel qui pese vingt liures, Carpes | de toutes sortes, dont y en a de tres grandes, | & des Brochets, aucuns iusques à cinq pieds | de long, Barbus qui sont sans escaille, de deux | à trois sortes grands & petits, Poisson blanc | d'vn

pied de long, Poisson doré, Esplã, Tan | che, Perche, Tortue, Loups marins, dont | l'huile est fort bonne, mesme à frire, Mar- | souins blancs, & beaucoup d'autres que nous | n'auons pas, & ne se trouuent dedans nos | riuieres & estangs. Toutes ces especes de | poissons se trouuent & se prennent dans le | grand fleuue Saint Laurens, & de plus les | Mollues & Baleines se peschent tout le long | des costes de la Nouuelle France, & pres- | qu'en toute saison. |

S'il plaist à Vostre Majesté considerer le cõ | tente-
10 ment que ses sujets pourront auoir vn || iour en ces
lieux y estãt habituez, viuans dans | vne vie douce & tranquille, & sans estre in- | quietez des chicaneries, & procez qu'on a par | deça, chacun estant libre de chasser, pescher, | se loger à sa commodité, s'accommoder se- | lon sa volonté, y ayans dequoy occuper l'es- | prit, y faisant bastir & défricher les terres, | faire des iardins, y planter, anter, & faire pe- | pinière, semer de toutes sortes de grains, | plusieurs racines, legumes, sallades & autres | herbes potageres, en telle estendue de terre, | & en telle quantité que le curieux desirera. | Outre la culture de la vigne, laquelle y porte | des raisins assez bons, bien qu'elle soit sauua- | ge, laquelle estant transplantée & labourée | portera ses fruits; Et se peut asseurer que ce- | luy qui aura trente arpens de terre défrichee | en ce pays-là, auec vn peu de bestail, comme | il aura la chasse, la pesche & la traitte auec les | Sauuages, conformément & à l'aide de l'esta- | blissement de la Compagnie de la Nouuelle | France, il y pourra viure luy dixiesme, aussi | bien que ceux qui auroient en France quinze | à vingt mil liures de rente. ||

## 11 *VTILITEZ DV PAYS*

## *de la Nouuelle France.*

1. Tout le monde sçait assez le notable re- | uenu qui se tire annuellement de la Nou- | uelle France, par la pesche des Molues verte | & seche, ie laisse à considerer combien elle | montera, le païs estant habité, par l'establisse- | ment que l'on pourra faire que les Nauires de | France, venant à la coste n'auroiēt qu'à char- | ger, sans seiourner six mois à consommer le | temps & leurs vitailles. |

2. La pesche du Saumon est abondante és | costes & riuieres du païs, dont on peut faire | vn grand profit, ainsi qu'il se fait en Escosse & | en Irlande. |

3. Celle de l'Esturgeon n'est pas moins à | priser, qui se pesche en la saison dans les riuie- | res & lacs, dont il se peut faire vn grand com- | merce, comme sur les riuages de la mer Balti | que, & autres lieux des Costes du Nort, où se | fait la pesche de ce poisson, qui se distribue en | Allemagne & autres endroits. |

12 || 4. On peut en certain temps & selon la sai- | son faire pescherie de harenc, on sçait com- | bien le trafic en est grand & profitable aux | Costes de France & d'Angleterre. |

5. Il y a grand nombre de Marsouïns blancs | dans le fleuue Saint Laurens, lesquels on peut | pescher, & en tirer des huiles excellentes & en | telle quantité que chacun de ces poissons en | peut rendre deux barriques. On en peut | aussi tirer des Loups marins, qui augmentent | le trafic par la bonté & l'vsage de leurs peaux. |

6. Il se trouve aussi des bestes surnommées | à la grand dent, autrement Vaches marines, | qui se trouuent & se peuuent prendre en cer- | taines Isles du païs, desquelles on tire l'huile, | & se sert on des dents de ces animaux : le cent | desquelles dents on fait valoir plus de cent li- | ures. |

7. Il se fait aussi pesche d'Anguilles dans le- | dit fleuve en sa saison, lesquelles sont très bon- | nes & bien necessaires en ces Prouinces, | estant sallées en des barils, & qui se debitent | en plusieurs contrées dudit pays. |

13 || 8. La pesche des Balenes & les huiles qu'on | en retire ne se peut oublier, veu qu'on pesche | en plusieurs lieux, & en charge-on nombre de | vaisseaux. |

9. On ne met point en ce rang les autres pois- | sons, comme les Truittes, Congres, Rous- | settes, Barbues, Bars & autres que n'a- | uons pas par-deça. |

10. Les mines de fer y sont en quantité, dont | aucunes rendent cinquante liures de fer pour | cent

de mine : & se peut cõsiderer que les bois, | riuieres & ruisseaux y sont à commodité, & | plus qu'en France, où il faut porter les mines | à charge de cheuaux, ès lieux où sont les eaux | & les fourneaux, mesmes le bois par charroy | en quelques endroits. |

11. Vne autre mine de très bon acier, qui | rend vingt pour cent. |

12. Les mines de cuiure, rendent dix-sept | liures pour cent, richesse qui ne se peut esti- | mer, si elles estoient trauaillées. |

14 || 13. Vne autre mine appelée potin, qui est du | fer meslé avec le cuiure, dequoy on feroit du | canon de fonte, pots, contrefeuz & plusieurs | autres choses pareilles. |

14. Il y a mine d'argent, qui rend quatre | pour cent, que si elle estoit trauaillée (selon | le rapport des mineurs qui ont esté enuoyez | pour cét effet,) seroit tres riche, comme les | autres cy-dessus, l'espreuue en ayant esté faite | à Sainte Marie du Mont, frontiere d'Allema- | gne, tant de ceste-cy, comme de toutes les au- | tres, par le feu sieur Bellingan, ayant eu le soin | d'en enuoyer faire les essais. |

15. Il y a aussi mine de cuiure pur, parmy les | rochers que l'on trouue de basse mer. Il en fût | apporté au feu Roy, & les mineurs, la voyant, | cõ-clurent que faisant les recherches dedans les | terres, il s'en pourroit trouuer en abondance. |

16. Les mineurs qui furent enuoyez par le- | dit
sieur de Bellingan, pour la recherche d'i- | celles,
rapportèrent qu'ils auoient trouué vne | certaine
minière, de laquelle on pourroit tirer | des alluns,
15 où il y a grande quantité de Marcas- || site & veines
comme soufreuses, ce que ledit | sieur Champlain
a veu estant auec lesdits mi- | neurs au pays de la
Nouuelle France, lors qu'ils | en faisoient la re-
cherche. |

17. On a trouué en l'Isle du Cap Breton, mi- | nes de charbon de terre, ayant aussi vne mine | d'vne certaine peinture, qui est comme mine | de plomb, dequoy les Sauuages se noircissent | en leur deüil, laquelle couleur se traffique | parmy les peuples de plusieurs contrées. |

18. Il s'y trouue des pierres aussi belles que | le marbre noir & gris, qui se polit très par- | faictement bien, & s'en pourroit trouuer | d'autres si la recherche en estoit faite. |

19. Il s'y trouue aussi d'vne pierre, comme | celle des gangues ou veines de rochers, qui | est blanche comme crystal, dequoy on pour- | roit faire d'excellens verres, & s'y pourroit | establir des verreries, la matière estant sur les | lieux comme elle est, & les herbes propres à | cest vsage. |

16 20. Il y a de trois sortes de chesnes, à sçauoir ||
rouges, blancs & de couleur brune, fort pe- | sans,
qui ne nagent point sur l'eau : de ces bois | se feroit
merrain, bardeau & planches de plu- | sieurs gran-

deurs & espaisseurs, poutres, so- | liues, & bois qui seruiroit à lambrisser, & pour | toute autre sorte de charpenterie, dont il s'en | feroit vn notable trafic. |

21. Les ormes, fresnes qui sont en quantité, | seruiront à faire des affus pour les canons, ien- | tes, moyeux, tant pour les carrosses, coches, | chariots, charrettes & autres choses, comme | piques, auirons & plusieurs autres commodi- | tez qui se peuuent faire de ces bois. |

22. Il se trouue aussi en quelques endroits | au dedans des terres du Cyprès fort rouge & | d'odeur tres suaue, & partout des Cedres, | Hestres, Merisiers, Noyers, Pommiers, Cha- | staigniers, Planes, Erables, Pruniers, Cou- | driers, Boulleaux, Tils, Trembles, Cerisiers | & autres bois, lesquels on pourroit employer | à faire plusieurs ouurages & de diuerses façõs. |

23. Il y a des Pins de trois ou quatre especes, | &
17 des sapins en grande quantité de toutes || grandeurs & grosseurs : il s'en pourroit | faire des masts pour toutes sortes de vais- | seaux, des planches de plusieurs longueurs, | ayant des moulins à scie, comme on a en Nor- | uegue & autres lieux : on voit par expérience | le nombre qui en vient, & quel en est le profit. |

24. Des Pins & sapins on tireroit quantité | de bray, de la resine, & du goldron, comme on | fait audit païs de Noruegue & Arachon pour | l'vsage des vaisseaux. |

25. On peut faire quantité de cendres | en défrichant les terres, bruslant les bois, cō- | me l'on fait dans le Moruan, & se trouue que | les bois de la Nouuelle France sont plus gom- | meux & salez qu'ailleurs, & par conséquent | les cendres plus fortes; l'expérience en a esté | faite, ayant ceste vertu que le linge lessiué & | blanchy d'icelle empesche la vermine de ve- | nir & s'engēdrer à ceux qui le portent quand | ils le porteroient six mois, ce qui est esprouué | sur les lieux. |

26. Entre les cendres on fait estat du Viasse | ou
18 Potasse : le Viasse est de grand prix, le lest || faisans
12 barils, & pesant quatre mil deux cens | liures,
vaut deux cens soixante liures & plus : | le Potasse
vaut quinze liures le cent, reuenant | à trois cens
liures le tonneau, & quelquefois | au païs bas quatre
cens liures. On s'en sert à | faire des sauons noirs &
liquides en Angleter- | re, Escosse, Irlande & és
Prouinces du Pays- | Bas : ledit sauon propre à
blanchir & lessiuer | toutes sortes de toilles & linges :
ces cendres | sont le plus grand reuenu qu'ayent les
Princes | & Seigneurs de Prusse, Lyuonie, Russie
& au- | tres pays des riuages de la mer Baltique, où
se | font lesdites cendres, qui seruent aussi aux ver- |
reries & se pourroient faire audit païs de la | Nou-
uelle France. |

27. Les chanures & lins apportent aussi vn | notable reuenu, qui se peuuent semer & re- | cueillir és terres qui y sont propres & bonnes, | outre que la terre en plusieurs endroits appor- | te d'elle mesme de ladite chanure sans estre se- | mée : on en pour-

roit faire toiles, comme celles | de la Val, Ollonne, Vitré & autres ouurages, | comme cables, cordages, Agrais de toutes sor- | tes pour les vaisseaux. |

19 || 28. Il ne faut oublier que si vn iour on y vou- | loit bastir & fabriquer des vaisseaux, le pays | habité, il s'y en pourroit faire en quantité & | plus commodément qu'en Hollande, d'où il | faut qu'on leur apporte le bois de la Noruegue | & d'autres contrées. |

29. Il se trouue dans le païs vne espece de cer- | taine teinture ressemblant à garances, dont le | teint est aussi bon que la cochenille : les Sauua- | ges en peignent du poil de Porc Espic, & | en font vne couleur, aussi belle qu'escar- | latte : l'espreuue en a été faite en cette ville | de Paris aux Gobelins, & fut trouuée fort | excellente en son teint de couleur d'vn | ginzolin cramoisy, qui ne se change & ne se | desteint point pour tout ce qu'on luy peut fai- | re : ledit sieur de Champlain en fit l'espreuue, | & laquelle il fit voir au feu Roy : que si ceste | herbe dont la racine fait le teint, estoit culti- | uée il s'en feroit vn grand debit. |

30. Outre toutes ces choses, la traite des Ca- | stors
& Loustres, qui est présente, n'est pas à | reietter,
20 puisqu'vn chacun y accourt de tou || tes parts; on
voit comme les nations estran- | geres, l'Anglois,
l'Escossois & le Flamen, n'en | veulent quitter leur
part. |

31. Les peaux des Eslans, Cerfs, Dains, Ca- | ri-

bous & Buffles, peuvent donner vn notable | profit, pour y en auoir quantité dans les terres. |

32. La pelleterie des Renards noirs est excel- | lente, & se trouue telle fourure de Renards | noirs, qui vaut plus de quinze cens liures : le | pays estant habité, la recherche s'en pour- | roit faire plus exacte que par le passé, il y en a | encores de gris & de rouges. |

33. Des Martres & Loups Ceruiers, les four- | rures sont tres precieuses, il y en a dedans le | païs à suffire de toutes sortes : on sçait que les | noires, comme les plus belles, viennent des | païs Septentrionaux. |

34. Des peaux d'Hermines les fourrures s'en | font pour les Rois & Princes, il s'en peut aussi | recouurer audit païs. |

35. Comme pareillement des Ours noirs, qui |
21 ont le poil fort delié, grand & espais. Les peaux ||
des Loups dudit païs sont sans comparaison | plus belles que celles de France : les Sauuages | estiment plus ceste pelleterie qu'aucune autre | pour estre bonne & chaude, & n'engendre au- | cune vermine : ils sont comme d'vn gris noir. | Celles des Chats sauuages, Fouïnes, fourrures | fort noires, Lapins de poil gris en Esté, & blãc | en Hyuer : autres fourrures des Escurieux | Vollans, comme les gris qui viennent d'Alle- | magne & Moscouie, & de plusieurs autres sor- | tes d'animaux que nous ne

cognoissons point | qui sont de valeur, chaque fourrure ayant son | prix selon sa beauté & rareté. |

36. Il faut aussi considérer que si un iour le | pays se pouuoit habiter, on mettroit en vsage | la laine & la toile en accoustremens, pour les | peuples, au lieu de peaux dont ils se vestent, & | ainsi on conserueroit vn nombre infiny de | cuirs & pelleterie que les peuples n'vseroient | pas; ils se pourroient pourtant seruir en hyuer | des fourrures de Castors, pour estre chaudes | & deuenant grasses se rendent propres à faire | des chapeaux, cõme l'on sçait que les neufues | n'y sont gueres propres. Mais
22 on espargneroit || les fourrures noires qui sont plus belles & ne- | cessaires. |

37. La demeure arrestée des habitans pourra | descouurir beaucoup de choses qui ne sont | point encores venues à nostre cognoissance. | Il s'y pourroit nourrir telle quantité de beufs | & vaches, qu'ils multiplieroient en abondan- | ce, comme on voit en Irlande, & s'en feroit à | l'aduenir vn grand commerce, & l'on sçait par | expérience quel il est aux Indes Occidentales, | depuis six vingt ans que les Espagnols y ont | esté : car auparauant il n'y en auoit point, & | maintenant y a telle Isle de laquelle il s'est tiré | cinquante & soixante mil cuirs. |

38. Par le soin qu'on auroit des brebis & mou- | tons, il s'en pourroit faire de grands troupeaux | dont on tireroit quantité de laines, des Che- | ures pareillement, dont les peaux se vendroiẽt, | comme aussi celles des moutons, la nourriture | estant propre pour ces bestiaux. A ces vtilitez, | soit pour la vie,

soit pour le cõmerce, il reste en- | core à cõsidérer la beauté du golfe S. Laurent, | vne des merueilles
23 de la nature, & qui contient || en son circuit plus de 400 lieuës, & par lequel | on entre dans la grande riuiere S. Laurens, la- | quelle s'y descharge. Ce fleuue cõtient plus de | huit cens lieuës de longitude, en ayant plus de | cinq cens de cogneu & descouuert, duquel | l'origine se pourra recognoistre par succession | de temps : les peuples du pays ont asseuré le Sr | de Champlain, voyageant auec eux, qu'il y a | vn grand lac comme d'vne mer lequel se des- | charge du costé des mers du Sud, comme il se | vient rendre du costé du Nort dans le grand | fleuue Saint Laurens. |

Ce golfe Saint Laurens contient en son | estendue plusieurs grandes Isles, & quantité | de bons ports & rades, tant le long de ces co- | stes comme aux Isles, où se font les pescheries | des Balenes, Mollues, Loups marins, bestes à | la grand dent, & autres sortes de poissons des- | crits & mentionnez cy-dessus, aussi beaucoup | de Sauuages y font la traitte de peleterie & | peaux d'Eslans. |

Pour entrer dans ledit golfe, il y a trois en- | droits, l'vn d'enuiron demie lieue, l'autre de | dix
24 huit, & le troisiesme de dix lieues, comme || on peut voir par la carte faite par ledit sieur de | Champlain. |

Tout le commerce des choses cy-dessus di- | tes se peut faire sans sortir dudit golfe, & est | fort peu cogneu des estrangers, sinon depuis | deux ans que quelques François dénaturez [1] y | ont mené les An-

1. Allusion à la trahison des truchements Et. Brulé, Nicolas et Jacques Marsolet et Jacques Michel, qui s'était vendu aux Anglais et les avait pilotés en 1628 dans le Saint-Laurent.

glois, que Vostre Majesté dé- | logera quand il luy plaira, ne souffrant qu'vn | estranger emporte & ioüysse de ce qui vous | est si iustement acquis depuis cent ans & plus | que les descouuertes premières des Costes en | ont esté faites par vos sujets, & notamment | depuis vingt-sept ans que ledit sieur de Chã- | plain a trauaillé à descouurir ledit païs, par le | commandement du feu Roy de glorieuse me- | moire & le vostre, SIRE, ayant fait la Car- | te de tous les lieux fort exacte, comme Vostre | Majesté le pourra voir, & par les voyages qui | en ont esté imprimez il y a vingt ans |

C'est en sommaire, SIRE, & simplement | ce que i'ay creu estre obligé de représenter à | V. M. pour faire cognoistre à vos sujets que | c'est auec raison que V. M. a eu iusques à pre- | sent le soin de faire trauailler à la conuersion | de ces pauures infideles,
25 & que pour y parue || nir le pays merite d'estre habité & cultiué par | les François, puisqu'il est plein de tant de com- | moditez & que nous voyons nos voisins s'ef- | forcer de se l'approprier auec tant d'ardeur au | preiudice des droits iustes & legitimes de Vo- | stre Maiesté. |

SIRE, voila en peu vn eschantillon du | trauail du sieur de Champlain, qui depuis | trente cinq ans a rendu continuellement ser | uice à V. M. tant aux armées du feu Roy que | au voyage qu'il fit il y a trente ans aux Indes | Occidentales, & depuis en vostre Nouuelle | France, en laquelle il a presque continuelle- | ment seiourné, & comme les recompenses se | peuuent esperer des seruices que l'on rend à | V. M. le sieur de Champlain l'ose supplier luy | faire ceste grace que la pension qu'il a euë de- |

puis vingt-cinq ans luy soit continuée par le | commandement de V. M. pour luy donner | moyen de s'entretenir à son seruice, & il prie- | ra Dieu pour l'accroissement de vostre Estat, | santé & prosperité de Vostre Majesté. |

A PARIS

DES PRESSES DE JOUAUST ET SIGAUX

Rue Saint-Honoré, 338

M DCCC LXXXVI

www.ingramcontent.com/pod-product-compliance
Ingram Content Group UK Ltd.
Pitfield, Milton Keynes, MK11 3LW, UK
UKHW021931190726
13853UKWH00002B/973